# BEI GRIN MACHT SICH IHR WISSEN BEZAHLT

- Wir veröffentlichen Ihre Hausarbeit, Bachelor- und Masterarbeit

- Ihr eigenes eBook und Buch - weltweit in allen wichtigen Shops

- Verdienen Sie an jedem Verkauf

**Jetzt bei www.GRIN.com hochladen und kostenlos publizieren**

**Bibliografische Information der Deutschen Nationalbibliothek:**

Die Deutsche Bibliothek verzeichnet diese Publikation in der Deutschen Nationalbibliografie; detaillierte bibliografische Daten sind im Internet über http://dnb.d-nb.de/ abrufbar.

Dieses Werk sowie alle darin enthaltenen einzelnen Beiträge und Abbildungen sind urheberrechtlich geschützt. Jede Verwertung, die nicht ausdrücklich vom Urheberrechtsschutz zugelassen ist, bedarf der vorherigen Zustimmung des Verlages. Das gilt insbesondere für Vervielfältigungen, Bearbeitungen, Übersetzungen, Mikroverfilmungen, Auswertungen durch Datenbanken und für die Einspeicherung und Verarbeitung in elektronische Systeme. Alle Rechte, auch die des auszugsweisen Nachdrucks, der fotomechanischen Wiedergabe (einschließlich Mikrokopie) sowie der Auswertung durch Datenbanken oder ähnliche Einrichtungen, vorbehalten.

**Impressum:**

Copyright © 2018 GRIN Verlag
Druck und Bindung: Books on Demand GmbH, Norderstedt Germany
ISBN: 9783668639133

**Dieses Buch bei GRIN:**

https://www.grin.com/document/412726

Volker Julius

# Die Auswirkungen einer Hausarztzentrierten Versorgung auf die medizinische und ökonomische Effizienz und mögliche Hinderungsgründe

GRIN Verlag

## GRIN - Your knowledge has value

Der GRIN Verlag publiziert seit 1998 wissenschaftliche Arbeiten von Studenten, Hochschullehrern und anderen Akademikern als eBook und gedrucktes Buch. Die Verlagswebsite www.grin.com ist die ideale Plattform zur Veröffentlichung von Hausarbeiten, Abschlussarbeiten, wissenschaftlichen Aufsätzen, Dissertationen und Fachbüchern.

**Besuchen Sie uns im Internet:**

http://www.grin.com/

http://www.facebook.com/grincom

http://www.twitter.com/grin_com

Hausarbeit

# Die Auswirkungen einer Hausarztzentrierten Versorgung auf die medizinische und ökonomische Effizienz und mögliche Hinderungsgründe

Volker Julius

Abgabedatum: 07.02.2018

# Inhaltsverzeichnis

Abkürzungsverzeichnis ............................................................... III

1  Einleitung ........................................................................... 4

2  Ambulante medizinische Versorgung ........................................ 4

    2.1    Hausärztliche Versorgung ............................................................ 5

    2.2    Fachärztliche Versorgung ............................................................. 5

    2.3    Ambulante Krankenhausversorgung ............................................ 6

3  Zugangsformen zur ärztlichen Versorgung ............................. 7

    3.1    Freie Arztwahl ............................................................................ 7

    3.2    Hausarztzentrierte Versorgung .................................................... 7

4  Auswirkungen einer Hausarztzentrierten Versorgung ............ 8

5  Diskussion ....................................................................... 10

6  Fazit ................................................................................ 12

7  Literaturverzeichnis ......................................................... 14

# Abkürzungsverzeichnis

| | |
|---|---|
| DMP | Disease Management Programme |
| FA | Facharzt und Fachärztin |
| HA | Hausarzt und Hausärztin |
| HzV | Hausarztzentrierte Versorgung |
| KV | Kassenärztliche Vereinigung |

# 1 Einleitung

„*Mit dem Hausarzt als primär versorgender Arzt zielt die Politik auf Einsparpotenziale und Qualitätsverbesserungen."* (Stock, Hansen & Redaelli, 2013, S. 146) Die Politik hat alle gesetzlichen Krankenversicherungen verpflichtet eine Hausarztzentrierte Versorgung (HzV) anzubieten, um z. B. Doppel- oder Paralleluntersuchungen zu vermeiden und ein unangemessenes konsultieren von Fachärzten und Fachärztinnen (FA) einzuschränken (Stock, Hansen & Redaelli, 2013, S. 154). Ebenso soll, die durch den demographischen Wandel hervorgerufene Zunahme an Multimorbidität, Polymedikation und der damit einhergehenden höheren Anzahl von Arztkontakten, durch den Gesetzgeber mit einer Stärkung des Primärarztsystems und einer verbesserten Koordination, Effizienz und Qualität von medizinischen Leistungen begegnet werden. Hierzu wurde u. a. die HzV eingeführt und im Sozialgesetzbuch verankert (Lübeck, Beyer & Gerlach, 2015). Ob diese verpflichtende Einführung der HzV die angestrebten deutlichen Verbesserungen bisher erzielen konnte und die Gründe für eine mögliche Verfehlung dieser Ziele sollen Thema dieser Arbeit sein. Es wird somit folgender Forschungsfrage nachgegangen: Hat die Einführung der Hausarztzentrierten Versorgung zu signifikanten Verbesserungen der Qualität und Effizienz in der ambulanten Versorgung geführt und wenn nicht, aus welchen Gründen hat die HzV dies nicht erreicht?

Um diese Forschungsfrage zu beantworten soll zunächst die ambulante Versorgungslandschaft in Deutschland beschrieben werden, bevor der Zugang zu medizinischen Leistungen thematisiert wird. Darauffolgend wird eine Auswahl von Auswirkungen dargestellt, die durch die Einführung der HzV zu beobachten sind. Abschließend werden die Ergebnisse diskutiert und ein Fazit bezogen auf die Forschungsfrage gezogen.

## 2 Ambulante medizinische Versorgung

In Deutschland ist die medizinische Versorgung der Bevölkerung in den ambulanten und stationären Sektor unterteilt, wobei der ambulante Sektor durch den Patienten oder die Patientin bevorzugt in Anspruch genommen werden sollte (Stock, Hansen & Redaelli, 2013, S. 140). Nachfolgend wird der ambulante Sektor beschrieben, der stationäre Sektor soll nicht Teil dieser Arbeit sein.

Die ambulante medizinische Versorgung wird zum größten Teil von niedergelassenen freiberuflichen Ärzten durchgeführt. Der größte Teil davon ist als Vertragsarzt für die Kassenärztliche Vereinigung (KV) tätig und somit auch für gesetzlich krankenversicherte Personen zuständig. Um eine Über- oder Unterdeckung von Ärztinnen und Ärzten zu verhindern übernimmt die KV die Bedarfsplanung von Stellen für Hausärzte und Hausärztinnen (HA), sowie von FA, um eine ausreichende Versorgung der gesetzlich krankenversicherten Personen zu gewährleisten. Ärzte und Ärztinnen können sich neben der Einzelpraxis in verschiedenen Formen zusammenschließen, diese sollen hier nicht weiter erläutert werden. Weiterhin ist es gesetzlich vorgeschrieben, dass Ärzte und Ärztinnen sich entweder für die hausärztliche oder fachärztliche Versorgung entscheiden müssen (Stock, Hansen & Redaelli, 2013, S. 137f). Somit gliedert sich die ambulante Versorgung in Deutschland in die, seit 1993 getrennte, hausärztliche und fachärztliche Versorgung und darüber hinaus in ambulante Leistungen von Krankenhäusern (Rosenbrock & Gerlinger, 2014, S. 165ff), diese Formen werden im Folgenden jeweils kurz dargestellt.

## 2.1 Hausärztliche Versorgung

Durch diese Trennung der hausärztlichen und fachärztlichen Versorgung wurde dem HA ein eigener Zuständigkeitsbereich geschaffen (Rosenbrock & Gerlinger, 2014, S. 172). Diese hausärztliche Versorgung soll besonders eine allgemeine und fortgesetzte medizinische Versorgung unter Beachtung des privaten Umfelds des Patienten ermöglichen. Sowie alle weiteren ärztlichen und nicht ärztlichen Maßnahmen koordinieren und zusammenführen. Sowohl ambulante als auch stationäre Befunde, Behandlungsdaten und Berichte sollen so zentral dokumentiert werden. Ebenso ist es Aufgabe der HA präventive und rehabilitative Maßnahmen zu beginnen und umzusetzen (BMJV, 2017, §73). Eine solche Versorgung von Patienten und Patientinnen können von Allgemeinmedizinern und -medizinerinnen, Praktischen Ärzten und Ärztinnen, Kinderärzte und -ärztinnen und Internisten und Internistinnen ohne Schwerpunktbezeichnung durchgeführt werden. Wobei sich Kinderärztinnen und -ärzte mit Schwerpunktbezeichnung und Internistinnen und Internisten ohne Schwerpunktbezeichnung zwischen einer Tätigkeit als HA oder FA entscheiden müssen (Rosenbrock & Gerlinger, 2014, S. 171ff).

2012 waren 56654 Vertragsärzte als HA tätig und damit weniger als in den Jahren zuvor. Dies ist dem Bedeutungsverlust des HA geschuldet, da Patientenströme am HA vorbeigehen und somit der HA weder eine ganzheitliche Perspektive auf die Patienten und Patientinnen hat noch einer Betreuungs-, Leitungs- und Koordinierungsfunktion für Patienten wahrnehmen kann. Um diesen Bedeutungsverlust zu begegnen wurden diverse Instrumente zur Stärkung des HA eingeführt, u. a. die HzV (Rosenbrock & Gerlinger, 2014, S. 171ff), die im Verlauf näher erläutert wird.

## 2.2 Fachärztliche Versorgung

Im Gegensatz zur hausärztlichen Versorgung hat die fachärztliche Versorgung einen Bedeutungszuwachs erfahren, es sind mehr als 50 % der Vertragsärzte und -ärztinnen mittlerweile als FA tätig (Rosenbrock & Gerlinger, 2014, S. 176f). Dies ist wohl dem Aus- und Weiterbildungsangebot für Ärzte und Ärztinnen geschuldet und zeigt sich in der Ausrichtung der Kliniken in einzelne Fachgebiete, in denen eine Facharztausbildung nach erfolgreichem Studium stattfindet (Simon, 2013, S. 276f). Jedoch ist ebenfalls im fachärztlichen Bereich eine zunehmende Spezialisierung zu erkennen und an der steigenden Zahl von Ärztinnen und Ärzten, die an einer spezial-fachärztlichen Versorgung teilnehmen, zu erkennen (Rosenbrock & Gerlinger, 2014, S. 176f). Nach gesundheitspolitischer Vorstellung soll ein FA-Kontakt für Patienten und Patientinnen nur nach Überweisung durch einen Hausarzt stattfinden, um Befunde unterschiedlicher medizinischer Spezialisierungen zusammen zu führen (Simon, 2013, S. 272).

FA sehen als Konkurrenz die ambulanten Leistungen, die von Krankenhäusern angeboten werden (Rosenbrock & Gerlinger, 2014, S. 176), diese werden nachfolgend beschrieben.

## 2.3 Ambulante Krankenhausversorgung

Das 1955 festgeschriebene Monopol der niedergelassenen Ärzte und Ärztinnen zur ambulanten Krankenbehandlung wurde im Verlauf schrittweise gelockert und somit den Krankenhäusern weiter Möglichkeiten zur Behandlung von Patienten, ohne diese dafür stationär aufnehmen zu müssen, eingeräumt. Jedoch haben gesetzlich Versicherte weiterhin im Gegensatz zu privatversicherten Personen einen eingeschränkten Zugang zu ambulanten Krankenhausleistungen. Folgende Möglichkeiten bestehen um solche Leistungen für gesetzlich Versicherte in Anspruch zu nehmen. Bei medizinischen Notfällen sind die Krankenhäuser demnach nicht nur berechtigt, sondern zu einer Behandlung, die auch ambulant stattfinden kann, verpflichtet. Seit 1993 dürfen Krankenhäuser ambulante Operationen anbieten und, in einem definierten Rahmen, vor- und nachstationäre Behandlungen durchführen, um zum einen den Patienten oder die Patientin auf den stationären Aufenthalt vorzubereiten, oder zum anderen im Nachgang einer stationären Behandlung den Therapieerfolg zu sichern und zu überprüfen. Ebenso dürfen Krankenhäuser ambulante Leistungen anbieten, um ein mögliches Versorgungsdefizit der niedergelassenen Ärzte und Ärztinnen zu beheben. Seit 2004 ist es ebenso möglich sowohl hochspezialisierte Behandlungen und Therapien von Orphan Diseases anzubieten, als auch, in vertraglich geregeltem Umfang, an Disease Management Programmen (DMP) ambulant mitzuwirken. Hochschulkrankenhäusern ist es drüber hinaus gestattet ambulante Leistungen, die für Forschung und Lehre notwendig sind, zu etablieren (Rosenbrock & Gerlinger, 2014, S. 167f.). Zugangsmöglichkeiten für Patientinnen und Patienten zu ambulanten Leistungen werden im folgenden Kapitel beschrieben.

# YOUR KNOWLEDGE HAS VALUE

- We will publish your bachelor's and master's thesis, essays and papers

- Your own eBook and book - sold worldwide in all relevant shops

- Earn money with each sale

Upload your text at www.GRIN.com
and publish for free

**Bibliographic information published by the German National Library:**

The German National Library lists this publication in the National Bibliography; detailed bibliographic data are available on the Internet at http://dnb.dnb.de .

This book is copyright material and must not be copied, reproduced, transferred, distributed, leased, licensed or publicly performed or used in any way except as specifically permitted in writing by the publishers, as allowed under the terms and conditions under which it was purchased or as strictly permitted by applicable copyright law. Any unauthorized distribution or use of this text may be a direct infringement of the author s and publisher s rights and those responsible may be liable in law accordingly.

**Imprint:**

Copyright © 2010 GRIN Verlag
Print and binding: Books on Demand GmbH, Norderstedt Germany
ISBN: 9783668632769

**This book at GRIN:**

https://www.grin.com/document/412023

# YOUR KNOWLEDGE HAS VALUE

- We will publish your bachelor's and master's thesis, essays and papers

- Your own eBook and book - sold worldwide in all relevant shops

- Earn money with each sale

Upload your text at www.GRIN.com and publish for free

# 3 Zugangsformen zur ärztlichen Versorgung

Alle Krankenversicherten, sowohl gesetzlich als auch privat versicherte Personen, haben grundsätzlich freie Arztwahl bei der Inanspruchnahme medizinischer Leistungen. Das betrifft sowohl die hausärztliche als auch fachärztliche Versorgung. Dies kann auf freiwilliger Basis durch Teilnahme an einer HzV eingeschränkt werden (Rosenbrock & Gerlinger, 2014, S. 165f). Beide Zugangsmöglichkeiten werden im Folgenden näher beschrieben.

## 3.1 Freie Arztwahl

Ein wichtiges marktwirtschaftliches Steuerungselement ist die freie Arztwahl (Stock, Hansen & Redaelli, 2013, S. 155). Der Patient oder die Patientin kann nach eigenem Ermessen den vermeintlich benötigten Arzt oder Ärztin frei wählen. Für gesetzlich Versicherte besteht jedoch die Einschränkung, dass es sich im Regelfall um einen Vertragsarzt oder eine Vertragsärztin der Kassenärztlichen Vereinigung handeln muss. Andernfalls sind Mehrkosten vom Patienten selbst zu tragen (Simon, 2013, S. 270f). Eine Einschränkung dieser freien Arztwahl stellt die HzV als ein Gatekeepingsystem dar. Ein HA als Gatekeeper *„entscheidet über den Zugang zur fachärztlichen Versorgung und zu planbaren stationären Aufenthalten."* (Kürschner, Weidmann & Müters, 2011, S. 221) Dieses Konzept wird nachfolgend erläutert.

## 3.2 Hausarztzentrierte Versorgung

Um die für den HA essentiellen Tätigkeiten, der Steuerung und vollumfänglichen Beratung von Patienten und Patientinnen, sowie eine Sammlung und Beurteilung von sämtlichen Patientendaten, gerecht zu werden, benötigt der HA einen umfassenden Überblick über alle Behandlungen und Untersuchungsergebnisse der Patienten und Patientinnen. Aus diesem Grund sollten Patienten und Patientinnen, so die Idee hinter der HzV, zunächst den HA aufsuchen, der gezielt weitere Maßnahmen einleiten kann. Hauptgedanken für den Gesetzgeber bei Einführung der HzV war eine verbesserte Koordination von Behandlungen und Untersuchungen, eine Vermeidung unnötiger Kosten z. B. durch Doppel- und Paralleluntersuchungen und, durch Anforderungen an die teilnehmenden HA, eine Auswahl von besonders geeigneten HA durch Qualitätsanforderungen (Lüngen & Büscher, 2015, S. 134f), sowie eine Optimierung der Versorgungsqualität (Stock, Hansen & Redaelli, 2013, S. 147). Weiterhin sollen die vorhandenen Ressourcen des Gesundheitssystems effizienter genutzt und die Behandlung von Patientinnen und Patienten stärker leitliniengerecht und evidenzbasiert ausgerichtet werden (Lübeck, Beyer & Gerlach, 2015). Der HA erhält bei Teilnahme am HzV Zugriff auf alle Untersuchungsergebnisse und Behandlungsdaten des eingeschriebenen Patienten oder der eingeschriebenen Patientin (Stock, Hansen & Redaelli, 2013, S. 147).

Um als HA an der HzV teilnehmen zu können, müssen sowohl qualitative als auch strukturelle Kriterien erfüllt sein. HA müssen an strukturierten Qualitätszirkeln zur Arzneimittelanwendung teilnehmen, die ihnen auferlegte Fortbildungspflicht erfüllen, sich bei der Behandlung an evidenzbasierte Leitlinien halten und in der Hausarztpraxis ein Qualitätsmanagementsystem umgesetzt haben (Lüngen & Büscher, 2015, S. 135).

Eine Teilnahme der Krankenversicherten am HzV ist freiwillig, jedoch verpflichtet sich der Versicherte einen FA nur nach Überweisung des ausgewählten HA aufzusuchen. Ausgenommen sind Besuche bei Gynäkologen, Augen- und Kinderärzten, diese können weiterhin jeder Zeit vom HzV-Teilnehmer und von der HzV-Teilnehmerin aufgesucht werden (Lüngen & Büscher, 2015, S. 135). Die teilnehmenden Versicherten können für das Einschreiben in ein HzV-Programm von der Krankenkasse Bonuszahlungen erhalten, bzw. kann ihr Zusatzbeitrag gesenkt werden (Stock, Hansen & Redaelli, 2013, S. 147).

Die ärztliche Vergütung einer HzV wird gesondert verhandelt. Die Verhandlungspartner sind auf der einen Seite die Krankenkassen und auf der anderen Seite eine Ärztegemeinschaft, die in einem KV-Bezirk wenigstens 50 % der an der hausärztlichen Versorgung teilnehmenden Allgemeinärzte und -ärztinnen vertritt. Dies ist de facto ein Verhandlungsmonopol des Hausarztverbandes. Es ist jedoch der Grundsatz der Beitragsstabilität der Krankenkassenbeiträge zu wahren (Lüngen & Büscher, 2015, S. 135). Solche Verträge können sowohl als Kollektiv- als auch Einzelvertrag abgeschlossen werden (Räker, 2017, S. 70). Ob die beschriebenen Absichten des Gesetzgebers eingetroffen sind soll im Folgenden dargestellt werden.

## 4 Auswirkungen einer Hausarztzentrierten Versorgung

Es werden ausgewählte Auswirkungen zur HzV vorgestellt, ohne Anspruch auf Vollständigkeit, da dies den Rahmen dieser Arbeit übertreffen würde.

Die ökonomischen Aspekte und Vorteile der HzV scheinen sich erst im späteren Verlauf des Programms zu zeigen. Zu Beginn ist mit einem Kostenanstieg bei den HzV-Teilnehmern und Teilnehmerinnen zu rechnen. Die Überweisungsrate zu Fachärzten und in Krankenhäuser ist höher als bei einer Vergleichsgruppe, ebenso steigen zunächst die Arzneimittelkosten (Klora, Zeidler, May, Raabe & Graf von der Schulenburg, 2017, S. 26ff). Die Anzahl der FA-Besuche ist in der HzV-Gruppe mit 2,5 Besuchen pro Jahr höher als in der Gruppe der freien Arztwahl mit 2,1 Besuchen. Dies könnte sowohl für eine Verbesserung der medizinischen Versorgung, als auch für eine fehlgeschlagene Steuerungsfunktion sprechen (Stock, Hansen & Redaelli, 2013, S. 148). Jedoch sinken im Verlauf die Kosten der HzV-Gruppe und die Krankenhausverweildauer ist niedriger als bei einer Vergleichsgruppe (Klora, Zeidler, May, Raabe & Graf von der

Schulenburg, 2017, S. 26ff). Dies lässt vermuten, dass die HzV-Gruppe frühzeitiger untersucht und therapiert wird. Eine Verbesserung der Arzneimitteltherapie ist bei über 65-jährigen Patienten nicht zu beobachten und bezogen auf alle Teilnehmer der Aqua-Studie sanken die Kosten für Arzneimittel in der HzV-Gruppe nicht signifikant, jedoch stieg hier der Generikaanteil stärker an als in der Vergleichsgruppe (Aqua, o. J.). Dem verbesserten Gesundheitszustand und einer frühzeitigen Therapie widerspricht eine Patientenbefragung. Hiernach erklärten 56 % der Teilnehmer, die in der HzV eingeschrieben waren, dass sich ihr Gesundheitszustand verbessert habe, jedoch haben von der Gruppe mit freier Arztwahl 64 % eine Steigerung ihres Gesundheitszustandes bemerkt (Stock, Hansen & Redaelli, 2013, S. 148).

Obwohl eine höhere Anzahl an Früherkennungsuntersuchungen und Impfungen im Rahmen der HzV stattgefunden hat, konnte bei weiteren Qualitätsindikatoren keine Verbesserung belegt werden (Klora, Zeidler, May, Raabe & Graf von der Schulenburg, 2017, S. 28). Die Patientenzufriedenheit und der Betreuungsgrad dieser ist jedoch durch die HzV gestiegen, wie auch die Zufriedenheit und Motivation der teilnehmenden HA (Gerlach & Szecsenyi, 2013). Es verkürzen sich Wartezeiten oder es werden Abendsprechstunden eingeführt. Die Servicequalität der HA bei Teilnahme an der HzV verbessert sich insgesamt. (Stock, Hansen & Redaelli, 2013, S. 147). Ebenso bedeutet für chronisch Erkrankte der Einsatz von besonders geschultem nichtärztlichen Personals, in Form einer Versorgungsassistentin in der Hausarztpraxis (VERAH), eine signifikante Verbesserung in der Betreuungsqualität (Klora, Zeidler, May, Raabe & Graf von der Schulenburg, 2017, S. 28). Dies belegt auch die Studie von Gerlach und Szecsenyi, die darüber hinaus eine verstärkte Einschreibung in DMP festgestellt haben (Gerlach & Szecsenyi, 2013).

Jedoch konnten die erhofften finanziellen Einsparungen nicht erreicht werden. Dies zeigen sowohl die Studie von Klora, Zeidler, May, Raabe & Graf von der Schulenburg, als auch die des Aqua Instituts. Die AOK Baden-Württemberg gibt an, dass die HzV ökonomisch ausgeglichen wäre (Gerlach & Szecsenyi, 2013). Dies deutet ebenfalls auf keine Einsparung der Gesamtkosten hin.

Zusammenfassend soll erwähnt werden, dass die HzV wohl weder einen signifikanten positiven Einfluss auf die Salutogenese der Bevölkerung noch zu einem deutlichen Effizienzgewinn beiträgt und somit nicht zur Kostensenkung geeignet scheint (Räker, 2017, S. 73). Im Folgenden sollen mögliche Gründe dafür diskutiert werden.

# 5 Diskussion

Die oben genannten Kerngedanken der HzV sind, lt. Lüngen & Büscher, kaum erreicht und die Attraktivität zur Teilnahme am HzV-Programm hält sich für die Versicherten eher in Grenzen (Lüngen & Büscher, 2015, S. 135). Dennoch besitzt die HzV in der Politik einen hohen Stellenwert und spiegelt sich in der Pflicht für Krankenkassen einen solchen Vertrag den Versicherten anzubieten wider (Gibis & Tophoven, 2017, S. 196f). Jedoch zeigt Räker, *„dass unterschiedliche gesundheitspolitische Zielvorstellungen ebenso wie verschiedene (politische) Kräfteverhältnisse die Positionierung zur HzV maßgeblich determinieren."* (Räker, 2017, S. 355) Eine bundesweite einheitliche Einführung eines für alle gesetzlich Versicherten verpflichteten HzV-Systems war nicht politikfähig (Lübeck, Beyer & Gerlach, 2015). Somit ist es sowohl Patienten und Patientinnen als auch HA freigestellt sich in ein HzV-Programm einzuschreiben (Gerlach & Szecsenyi, 2013). Dies lässt die geringe Inanspruchnahme der HzV durch die Versicherten begründen. Da 2008 nur 2,4 % der gesetzlich Versicherten im Hausarzttarif der Krankenkasse eingeschrieben waren (DIW Berlin, 2008). Zumal traditionelle Merkmale des deutschen Gesundheitswesens reglementiert werden. Die freie Arztwahl und somit der nahezu uneingeschränkte Zugang zu medizinischen Leistungen wird durch die HzV verändert und eingeschränkt (Räker, 2017, S. 357). Dies ist besonders kritisch zu sehen, da empirisch nicht belegt ist, ob ohne HzV eine zu häufige und unangemessene Nutzung von FA und Krankenhäusern stattfindet (Zentner, Garrido & Busse, 2010).

Im Spannungsfeld und Konkurrenz der einzelnen beteiligten Akteure, die unterschiedliche Ansprüche und Erwartungen an die HzV stellen, ist eine Implementierung der HzV zum Vorteil aller Stakeholder nahezu unmöglich. Somit ist es fraglich, ob die HzV im derzeitigen Rahmen zur Steigerung der Effizienz und Qualität beitragen kann oder ob sie lediglich zum Vertragswettbewerb der Krankenkassen und Leistungserbringer taugt (Räker, 2017, S. 355f). Zumal die geforderten Qualifikationen und Fortbildungen der teilnehmenden HA an der HzV das Grundniveau der hausärztlichen Qualität darstellen sollte und für Kollektivverträge zur hausärztlichen Grundversorgung zwischen HA und KV als Vorrausetzung dienen müsste (Gibis & Tophoven, 2017, S. 197). Zumal die erhofften Qualitätsverbesserungen durch Fortbildungen und Qualitätszirkel nicht festgestellt werden konnten (Gerlach & Szecsenyi, 2013). Der Veränderung der Volksgesundheit bei Einführung von Gatekeepingsystemen ist nicht untersucht. Jedoch kann angenommen werden, dass diese vergleichbar zu Gesundheitssystemen ohne eine solche Zugangsbeschränkung zu weiterführenden ärztlichen Leistungen, ist (Zentner, Garrido & Busse, 2010). Das Prinzip der HzV konnte auch in anderen OECD-Ländern (Organisation für wirtschaftliche Zusammenarbeit und Entwicklung) keine Einsparung von Gesundheitskosten erzielen. Jedoch zeigt sich in Ländern mit einem entsprechenden System, dass die Kostensteigerungen im ambulanten Sektor, nach Einführung eines Gatekeepingsystems, geringer ausfällt und somit die Chance der HzV in der langfristigen Anwendung liegt (Klora, Zeidler, May, Raabe & Graf von der Schulenburg, 2017, S. 28).

Jedoch ist zu erwähnen, dass durch eine kürzere Krankenhausverweildauer und selektivem Einweisen die HzV zu einer Verbesserung der Schnittstellenproblematik zwischen ambulanten und stationären Sektor beitragen könnte (Klora, Zeidler, May, Raabe & Graf von der Schulenburg, 2017, S. 26ff). Wobei nicht sinnvolle Krankenhauseinweisungen durch die HzV nicht vermieden werden konnten (Gerlach & Szecsenyi, 2013).

Ein weiterer Aspekt, der für die gezeigten geringen Auswirkungen der HzV angeführt werden kann, ist das Ergebnis einer Umfrage der Kassenärztlichen Bundesvereinigung. Diese zeigt, dass 94,7 % der Befragten bereits einen festen HA ausgewählt haben, ohne sich in ein HzV-Programm einzuschreiben. Ein weiteres Indiz ist, dass lediglich 17,3 % der Befragten einen FA-Kontakt (es wurde nicht in einzelne fachärztliche Gebiete differenziert, somit sind in diesem Werte auch die Fachärzte ohne HzV-Zugangsbeschränkung inkludiert) ohne HA-Besuch innerhalb der letzten zwölf Monate vor der Befragung hatten, jedoch 42,5 % nur Kontakt zu einem HA, ohne weiterführenden FA-Kontakt, anführen konnten (Schnitzer, Richter, Walter, Balke & Kuhlmey, 2008). Dies wird ebenfalls durch eine Arbeit von Kürschner, Weidmann und Müters unterstützt, die feststellten, dass die meisten Personen die sich in HzV-Verträge einschreiben ohnehin einen de facto festen HA in der Vergangenheit hatten. Personengruppen, die den Weg direkt zum FA suchen, werden durch die HzV nahezu nicht angesprochen (Kürschner, Weidmann & Müters, 2011, S. 223ff). Dies zeigt, dass die HzV in der aktuellen Form ein eher geringes Potential für Verbesserungen von Effizienz und Steuerung von Patientenströmen birgt. Hier könnte ein Kontrahierungszwang für alle gesetzlich Versicherten zur HzV Vorteile generieren.

Weiterhin gibt es keine einheitliche Regelung zur Vertragsausgestaltung von HzV-Verträgen zwischen Krankenkasse und Leistungserbringer, diese sowohl als Ergänzungsvertrag zu dem bestehenden Vergütungssystem, als auch als Vollversorgungsvertrag verhandelt werden können (Lübeck, Beyer & Gerlach, 2015), ist von einer administrativen Belastung der beteiligten Akteure auszugehen und somit von einer Effizienzminderung der HzV aus ökonomischer Sicht. Da im Gesundheitswesen diverse Akteure an der hausärztlichen Versorgung und Abrechnung der Leistungen beteiligt sind, jeder Stakeholder in diesem Zusammenhang eigene Interessen, zumeist finanzieller Natur, verfolgt, ist das HzV-System in der derzeitigen Ausgestaltung nicht zielführend und nicht effizient. Somit wird die HzV lediglich zur einem weiteren Aspekt des

Wettbewerbs in der Vertragslandschaft zwischen den Akteuren im Gesundheitswesen (Räker, 2017, S. 331).

## 6 Fazit

Demnach kann abschließend die gestellte Forschungsfrage beantwortet werden. Die Verbesserungen durch Einführung einer HzV stellen sich als nicht signifikant heraus und für mögliche Ursachen einer Verfehlung der gesetzten Ziele können folgende angeführt werden.

Durch die gesetzliche Ausgestaltung der HzV und die besonderen Regelungen zur Vertragsgestaltung zwischen Krankenkasse und einem Zusammenschluss von HA (Hausarztverbände), wird ein weiterer Akteur in das Gesundheitssystem eingeführt und somit der Wettbewerb gestärkt. Dies führt jedoch nicht zwangsläufig zu einer Steigerung der Qualität von Gesundheitsleistungen (Räker, 2017, S. 321ff). Zumal der Gesetzgeber einen Wechsel der politischen Ausrichtung der HzV durchführte. Wurde zunächst noch die Position der HA im Rahmen der Vergütung der HzV gestärkt, so wurde dies jedoch mit Einführung der Budgetneutralität wieder außer Kraft gesetzt und die Position der Krankenkassen in den Verhandlungen zur HzV wieder dominant (Petermann, 2016, S. 240). Daraus kann geschlossen werden, dass der monetäre Anreiz für HA eine qualitativ hochwertige HzV anzubieten gering ausfallen muss. Zumal die KV als einflussreicher Vertragspartner in diese Verhandlungen im Regelfall nicht inbegriffen ist (Petermann, 2016, S. 236ff). Ebenso muss sich die fehlende vertragliche Einheitlichkeit negativ auf administrative Vorgänge auswirken (Räker, 2017, S. 320ff).

Ebenso ist, wie oben gezeigt, davon auszugehen, dass es zu keinen signifikanten Vorteilen in der Patientenversorgen kommen konnte, da 94,7 % de facto einen HA als vermutlich erste Anlaufstelle haben und so Vorteile in Koordination und Dokumentation im System der freien Arztwahl schon vorhanden sind. Zentner beschreibt zudem, dass es Schwierigkeiten gäbe internationale Studien auf das deutsche Gesundheitswesen anzuwenden, somit ist es fraglich, ob einige international festgestellten Vorteile eines Gatekeepingsystems in Deutschland ebenfalls greifen (Zentner, 2010).

Zusammenfassend kann dargestellt werden, dass die eingeführte HzV an fehlender vertraglicher Einheitlichkeit, mangelnder politischer Kontinuität und einem Interessenkonflikt der beteiligten Akteure leidet. Darüber hinaus hat keine Studie mit hoher Evidenz das System der freien Arztwahl und der HzV verglichen.

Andere Instrumente zur Steuerung des Gesundheitswesens, z. B. die integrierte Versorgung oder Arztnetze bieten Potenziale, um die problematischen Sektorgrenzen zu überwinden und Vernetzungsprobleme zu beheben (Räker, 2017, S. 321ff). Ob dies ein signifikanter Effizienz- und Qualitätsgewinn für das Gesundheitssystem bedeuten kann, könnte Thema einer anderen Arbeit sein. Weiterhin sollte empirisch untersucht werden, zu welchem Grad, bei freier Arztwahl, eine sinnvolle FA-Konsultation, ohne vorhergehende Überweisung durch einen HA, durch die Patienten und Patientinnen stattfindet, um einen verlässlichen Vergleich zur HzV zu ermöglichen.

# 7 Literaturverzeichnis

Aqua – Institut für angewandte Qualitätsförderung, (o. J.). *Evaluation von fünf Ersatzkassen-Hausarztverträgen auf Grundlage des §73b SGB V*. Verfügbar unter: https://www.aqua-institut.de/fileadmin/aqua_de/Projekte/317_Evaluation_HZV/HzV-Evaluation.pdf (30.01.2018).

Bundesministerium der Justiz und für Verbraucherschutz (BMJV) (2017). *Sozialgesetzbuch Fünftes Buch – Gesetzliche Krankenversicherung*. Verfügbar unter: https://www.gesetze-im-internet.de/sgb_5/index.html (24.01.2018).

DIW Berlin (2008). *Sind Sie in ihrer gesetzlichen Krankenkasse in einem Normaltarif oder in einem speziellen Wahltarif versichert?*. In Statista - Das Statistik-Portal. Verfügbar unter: https://de.statista.com/statistik/daten/studie/179993/umfrage/gesetzliche-krankenkasse---normaltarif-oder-wahltarif/ (30.01.2018).

Gerlach, F. M. & Szecsenyi, J. (2013). Hausarztzentrierte Versorgung in Baden-Württemberg – Konzept und Ergebnisse der kontrollierten Begleitevaluation. *Zeitschrift für Evidenz, Fortbildung und Qualität im Gesundheitswesen*, 107, 365-371.

Gibis, B. & Tophoven, C. (2017). Reformbedarf in der ambulanten Versorgung – Dauerthema der Gesundheitspolitik. In A. Brandhorst, H. Hildebrandt & Luthe, E. – W. (Hrsg.), *Kooperation und Integration – das unvollendete Projekt des Gesundheitssystems* (191-211) Wiesbaden: Springer VS.

Klora, M., Zeidler, J., May, M., Raabe, N. & Graf von der Schulenburg, J. - M. (2017). Evaluation der hausarztzentrierten Versorgung in Deutschland anhand von GKV-Routinedaten der AOK Rheinland/Hamburg. *Zeitschrift für Evidenz, Fortbildung und Qualität im Gesundheitswesen, 120*, 21-30.

Kürschner, N., Weidmann, C. & Müters, S. (2011). Wer wählt den Hausarzt zum „Gatekeeper"?. *Bundesgesundheitsblatt*, 54, 221-227.

Lübeck, R., Beyer, M. & Gerlach, F. (2015). Rationale und Stand der hausarztzentrierten Versorgung in Deutschland. *Bundesgesundheitsblatt*, 58, 360-366.

Lüngen, M. & Büscher, G. (2015). *Gesundheitsökonomie*. Stuttgart: Kohlhammer

Petersmann, H. (2016). *Hausarztzentrierte Versorgung – Der schwierige Weg von der Theorie zur Praxis: eine qualitative Analyse zur Implementation-Adoption und Diffusion-der hausarztzentrierten Versorgung als soziale Innovation in die vertragsärztliche Regelversorgung*. Verfügbar unter: https://pub.uni-bielefeld.de/

download/2901421/2901422 (01.02.2018).

Rosenbrock, R. & Gerlinger, T. (2014). *Gesundheitspolitik: Eine systematische Einführung*. Bern: Huber.

Räker, M. (2017). *Entwicklung und Wandel der hausarztzentrierten Versorgung: eine policy-analytische Untersuchung der Ansprüche und Wahrnehmungen*. Wiesbaden: Springer VS.

Schnitzer, S., Richter, S., Walter, A., Balke, K. & Kuhlmey, A. (2008). Die Bewertung der
ambulanten Gesundheitsversorgung aus Versichertensicht – Ergebnisse der KBV-Befragung 2008 – Teil 1. *G&S Gesundheits- und Sozialpolitik*, 62(5), 11-20.

Simon, M. (2013). *Das Gesundheitssystem in Deutschland: Eine Einführung in die Struktur und Funktionsweise*. Bern: Huber.

Stock, S., Hansen, L. & Redaelli, M. (2013). Die ambulante Versorgung. In K. W. Lauterbach, S. Stock & H. Brunner (Hrsg.), *Gesundheitsökonomie – Lehrbuch für Mediziner und andere Gesundheitsberufe* (S. 137-158) Bern: Huber.

Zentner, A., Garrido, M. V. & Busse, R. (2010). Macht der Hausarzt als Lotse die Gesundheitsversorgung wirklich besser und billiger? Ein systematischer Review zum Konzept Gatekeeping. *Gesundheitswesen*, 72 (08/09), 38-44.

# BEI GRIN MACHT SICH IHR WISSEN BEZAHLT

- Wir veröffentlichen Ihre Hausarbeit, Bachelor- und Masterarbeit

- Ihr eigenes eBook und Buch - weltweit in allen wichtigen Shops

- Verdienen Sie an jedem Verkauf

Jetzt bei www.GRIN.com hochladen und kostenlos publizieren